KB200058

외톨이의 삶, 섬김으로 즐거웠네

일러두기

이 책은 평소 주선애 명예교수가 좋아한 찬양 · 성경말씀 · 어록과
주선애 교수의 자서전 《주님과 한평생》(두란노)의 내용을 묵상하여
그림을 곁들여 시처럼 엮은 것이다.

외톨이의 삶, 섬김으로 즐거웠네

글 · 그림 | 이순배
기획 | 조명희
초판 발행 | 2022년 8월 10일
등록번호 | 제1988-000080호
등록된 곳 | 서울특별시 용산구 서빙고로65길 38 두란노빌딩
발행처 | 사단법인 두란노서원
영업부 | 2078-3352   FAX | 080-749-3705
출판부 | 2078-3331

책 값은 뒤표지에 있습니다.
ISBN 978-89-531-4293-0 03230

독자의 의견을 기다립니다.
tpress@duranno.com   http://www.Duranno.com

두란노서원은 바울 사도가 3차 전도여행 때 에베소에서 성령 받은 제자들을 따로 세워 하나님의 말씀으
로 양육하던 장소입니다. 사도행전 19장 8-20절의 정신에 따라 첫째 목회자를 돕는 사역과 평신도를 훈련
시키는 사역, 둘째 세계선교(TIM)와 문서선교(단행본·잡지) 사역, 셋째 예수문화 및 경배와 찬양 사역, 그리고
가정·상담 사역 등을 감당하고 있습니다. 1980년 12월 22일에 창립된 두란노서원은 주님 오실 때까지 이
사역들을 계속할 것입니다.

외톨이의 삶,
섬김으로 즐거웠네

아름다운 거인 주선애 명예교수 기념 서화집

글·그림 이순배
기획 조명희

두란노

차례

1부 ∘ 믿음의 토대

감사의 글

하나님께 드리는 감사

주선애

강물이 흐르듯이 물 댄 동산 같은
내가 연구한 것도 아니고
애쓰고 힘쓴 일 없이 성령의 은사로
흘러넘친 나의 한 생이었습니다.

누가 뒤에서 밀어 주는 듯이
저 혼자 기쁘고 가볍게 흘러
한평생이 그냥 날아가 버린 것뿐입니다.

뒤돌아보면 하나님 하시는 일이
아이들의 흥미로운 장난처럼
물줄기가 스스로 넘쳐흐르듯
흥미롭고 다양한 모습으로
하나둘 봄비가 내려 물 흐르듯 그랬습니다.

한평생을 조용히 즐기며 지날 수 있었던 것은
모두 보이지 않는 영적 시냇물이었습니다.
주님 혼자 아무의 도움도 없이
스스로 만민을 위해 흘려 주신
피의 공로였을 뿐입니다.

영광을 받으소서.
영원히 경배하며 감사하고 찬양합니다.

주님 품안에서 길이길이 즐겁게 살겠습니다.

2022년 5월 23일
쓰러지기 하루 전에 손수 쓰시다.

밤하늘의 별과 같은 선생님이 계셔서 우린 행복했습니다

김운용 (장로회신학대학교 총장)

· · · · · · · · · · · · · · · ·

주선애 교수님은 평생 한결같이 주님의 뒤를 따라가며 주님이
원하시는 일을 수행해 오신 분입니다. 그런 분의 백수(白壽)를
축하하면서 생애를 글과 그림으로 엮은 책이 나온다는 이야기를
듣고 감사한 마음으로 축하의 글을 쓰려고 하니 입속에 맴도는
시구가 있었습니다.

밤하늘에 별이 있다면

방바닥에 걸레가 있다

안도현 시인은 딱 두 줄의 시를 써 놓고 제목을 "너와 나"라고
붙였습니다. 시골의 밤길은 늘 무서웠지만, 밤하늘을 장식하는
별이 있기에 참 아름답습니다. 윤기가 날 정도로 깨끗하게 잘 정리된
방바닥에는 자기 몸을 부서뜨려가며 닦은 걸레가
놓여 있습니다. 밤하늘의 별과 같은 사람, 방바닥의 걸레와 같은

사람, 그런 '내'가 있고 '너'가 있을 때 인생길은 아름다워진다는 메시지를 시인은 전하고 있습니다.

오늘 세상은 어둡고, 한국 교회 기상도도 어둡습니다. 밤하늘의 별과 같은 사람이 필요한 때입니다. 이런 때에 한 세기를 달려오며 교회와 세상을 복음으로 바로 세우기 위해 앞장서신 주 교수님이 우리와 함께여서 참 좋았고, 늘 바라볼 분이 계셔서 참 감사했습니다. 기독교교육 학자로, 한국 교회 대표 여성지도자로 평생을 달려오신 주 교수님의 지칠 줄 모르는 열정이 있어 많은 제자와 사역들이 세워졌습니다.

주 교수님의 백수(白壽) 생신을 앞두고, 그분을 늘 가까이에서 지켜본 사랑하는 이들이 마음을 모았습니다. 그분의 생애를 글과 그림으로 엮어 책을 출간해 생신 즈음에 증정식도 갖고 전시회도

열기로 작정했습니다. 하지만 주 교수님은 마지막 열정을 불태우듯
힘차게 달리시다가 지난 6월 19일, 심근경색으로 우리 곁을
떠나셨습니다. 평생 사모하신 주님 곁으로 가셨습니다.
영락교회와 함께 장로회신학대학교가 주관하여 장례예식을
진행했습니다. 주 교수님의 천국 환송 예배 날, 하늘은 눈이
시리게 푸르고 맑았습니다. 늘 "주님께서 디자인하셨기에 인생길이
아름답고 행복했다"고 말씀하시더니 그날도 그렇게 아름다웠습니다.

주 교수님은 하나님의 은혜가 아니면 살 수 없는 인생이었음을
고백하며 늘 빚진 자의 마음으로 사셨습니다. 특히 작은 자를
돌보셨습니다. 무엇보다 고향땅인 북녘을 늘 그리워하셨고,
기도로 그 땅을 품으셨습니다. 통일시대 북한 선교의 주역이 될
탈북 학생들을 양육하고 지원하는 일에 온 힘을 쏟으셨습니다.
그리고 해방의 그날에 북녘땅에 주님의 교회를 세우고
목양해 갈 목회자를 훈련할 평양신학교 복원을 위해 집과
남은 재산을 모두 장신대에 기탁하셨습니다. 그뿐만 아니라
은퇴 여교역자와 평생 선교지에서 사역하다 은퇴하신 여선교사들이

노년에도 여전히 꿈을 꾸고 기도할 수 있도록 보금자리를 세우는
일에 앞장서셨습니다.

주 교수님은 인생의 마지막날까지 흉내낼 수 없는
많은 일을 감당하시고 홀연히 천국으로 떠나셨습니다.
주 교수님은 실로 거인이셨습니다. 그런 분의 모습을 글과
그림으로 전해 주신 두 작가(이순배·조명희)님께 깊은 감사를 드립니다.

이 책을 통해 우리 시대 신앙의 거인이신 주 교수님의 생애와
그 속에 역사하셨던 주님을 새롭게 만나게 될 것입니다.
부디 이 책을 통해 하나님 나라를 더 넓게 보고,
더 넓게 살아 내시길 빕니다. 이 책을 읽는 사람들이 밤하늘의
별과 같이 사신 주 교수님의 고결한 모습을 흉내내고 닮아 가는
역사가 있길 빌며, 일독을 권합니다.

하나님이 계획하신 일

기획 조명희

. . . .

수년 전부터 주선애 교수님의 삶을 시와 그림으로 담아 보고 싶었습니다.
2년 반 동안 주 교수님을 보좌하며 성경을 읽게 되었고,
유진 피터슨의《메시지》를 읽으며 거칠게 망가진 내 모습을
다듬는 시간으로 채워 가고 있었습니다. 급하지 않았습니다.
하나님은 나에 대해 그렇게 조금씩 훈련의 강도를 조절하셨습니다.

가을이 깊어 가던 어느 날, 주 교수님께서 점심을 드시며
"하나님은 내가 태어나기 전부터 내 삶을 디자인하셨지"라고
말씀하셨습니다. 그분의 주옥같은, 흘려보낼 수 없는 말씀들과
삶이 눈에 들어오고, 깊은 내면을 들여다볼 수 있게 되었습니다.
하나님을 꼭 붙드시고 좌로나 우로 치우치지 않고 주님만
섬기시는 모습이 때로는 낯설었습니다. 그동안 하나님은 사랑이시라
다짐하면서도 내 멋대로 살아온 시간들이 하나씩 벗겨지기
시작하는 과정이었습니다.

주 교수님은 매일 낯선 이들의 전화와 방문을 반갑게
맞아 주셨습니다. 그런 흔치 않은 일상들도 어느 순간부터 기도하며
함께 기다리고 빗장을 열어 가는 나를 발견했습니다.
교만과 아집으로 꽁꽁 묶어 두었던 편파적인 이기심을 회개하며
주님께 고백하기 시작했습니다. 그렇게 다듬어지기 시작할 때 전부터
하고 싶었던 일을 추진하게 되었습니다. 바로 주 교수님의 생애를
그림과 함께 담은 책의 출간이었습니다.

주 교수님 백세 기념을 위해 2021년 11월 1일부터는 무조건
시작해야 한다며 하나님께 기도했습니다. 그런데 11월 1일에
어느 분이 찾아오셨습니다. 성경그림묵상집인《감동, 그리고 그리다》를
들고 오셨는데, 망원동《뚝방마을 이야기》의 주인공이신
故이상양 전도사님의 조카라고 하셨습니다.
이분이 이순배 작가님이십니다. 순간 나는 온몸에 전율을 느끼며
감정이 울컥하여 눈물이 쏟아졌습니다.
"하나님 그동안 이렇게 준비하고 디자인해 주셨습니까!
주 교수님의 구원과 섬김의 일생을 이렇게 담으려고 계획하고
구상하시고, 드디어 작가님을 오늘 보내 주셨습니까!"
나는 이 사건을 통해 살아 역사하시는 하나님을 체험했습니다.
할렐루야! 주님과 한평생 살아오신 주선애 교수님의 일생을 이렇게
디자인해 주신 하나님께 모든 영광을 돌립니다.
하나님은 구원의 감동으로 살아 계시며 역사하는 분이십니다.

1부

믿음의 토대

주선애 교수가 좋아했던 찬양

#〈온 천하 만물 우러러〉(새찬송가 69장)

온 천하 만물 우러러 다 주를 찬양하여라
할렐루야 할렐루야
저 금빛 나는 밝은 해 저 은빛 나는 밝은 달
하나님을 찬양하라

힘차게 부는 바람아 떠가는 묘한 구름아
할렐루야 할렐루야
저 돋는 장한 아침해 저 지는 고운 저녁놀
하나님을 찬양하라

저 흘러가는 맑은 물 다 주를 노래하여라
할렐루야 할렐루야
저 조화 많은 밝은 불 그 빛과 열을 내어서
하나님을 찬양하라

저 귀한 땅은 날마다 한없는 복을 펼치어
할렐루야 할렐루야
땅 위의 꽃과 열매들 주 영광 나타내어서
하나님을 찬양하라

너 선한 마음 가진 자 늘 용서하며 살아라
할렐루야 할렐루야
큰 고통 슬픔 지닌 자 네 근심 주께 맡겨라
하나님을 찬양하라

주 은혜 받은 만민아 다 꿇어 경배하여라
할렐루야 할렐루야
성 삼위일체 주님께 존귀와 영광 돌려라
주를 찬양 할렐루야

할렐루야 할렐루야 할렐루야 아멘

20

주선애 교수가
좋아했던 성경말씀

1

나의 간절한 기대와 소망을 따라
아무 일에든지 부끄러워하지 아니하고
지금도 전과 같이 온전히 담대하여
살든지 죽든지 내 몸에서 그리스도가
존귀하게 되게 하려 하나니

_빌립보서 1:20

주선애 교수가
좋아했던 성경말씀 2

내가 그리스도와 함께 십자가에 못박혔나니
그런즉 이제는 내가 사는 것이 아니요
오직 내 안에 그리스도께서 사시는 것이라
이제 내가 육체 가운데 사는 것은
나를 사랑하사 나를 위하여 자기 자신을 버리신
하나님의 아들을 믿는 믿음 안에서 사는 것이라

_갈라디아서 2:20

믿음으로 갈아 놓은
사대(四代)의 토양 위에

"딸이지만 기독교 선생으로 키워 주시오"라는
아버지의 유언으로 뿌린 씨앗

어머니의 끊임없는
눈물 기도의 물 뿌림

어두운 땅속을
힘겹게 싸워 가며
싹이 트고 자라나

수많은 열매와
새들의 보금자리가 된
커다란 나무의 이야기

할머니의 기도

어린 나를 깨워 손목 잡고
캄캄한 새벽길을
조용조용 걸어가셨던
할머니의 그 길

어느 모란봉 공원 풀밭에서
혼자 놀다 본
눈물 훔치며 기도하시던
할머니의 그곳

난
그 내용 다 알 수 없지만
새벽 기도를 놓칠 수 없는
인장이 되고
축복의 통로가 되었음을
할머니께 감사드린다.

나의 어머니

스물한 살에 홀로되신
나의 어머니
"언제 사십이 될까"
넋두리하시며
머릿수건과 당목 적삼으로
젊음을 꼭꼭 싸 감추신
나의 어머니

그 모습이 불만인 나는
새 옷을 사서 바꿔 입도록 조르던
시간이 지나가고

나이가 든 지금 돌아보니
가슴 시리게 아름다운
나의 어머니

심환쳘에
새벽송

辛巳년경
이갈미각
지방에서
교우집을
찾아가넜
다…

성환쳘에
혜촌

새
벽
송

ⓒ 김학수

초롱에 촛불을 밝히면
별빛은 가슴으로 내려앉는
주님의 눈빛

사각사각 눈 밟는 소리와
함께 들리는 천사의 웃음소리

"기쁘다 구주 오셨네~"
입 모아 부르는 새벽송은
혹독한 평양의 겨울밤을 덥히고

성도의 따스한 만둣국은
우리의 마음을 녹이던
천상의 합주 같았던

크리스마스이브

김활란 박사

여학교 시절
미국을 다녀오신 김활란 박사가
평양 숭실대학 강당에 오셔서
강연을 하셨다.

내가 아는 기독교 여자 지도자의 모델은
교회 피아노 반주자가 전부였던 시절

단발머리에 검은색 두루마기 차림으로
당당하게 전하시는 메시지를 들으며
내 미래의 모델을 찾은 기쁨으로
가슴을 부풀렸던
아득하게 먼 옛 시절

김순호 선교사(1902~1951)

"주선애, 다 깨어져 가루가 되었나요?"

평양신학교에서 만난
김순호 스승님의 간단한 질문

잘 포장된 나의 심령을 파고드는
비수 같은 언어의 힘

그분의 온화한 미소와 통찰력 있는 눈동자
조용조용한 말씀 가운데 풍기는 권위의 힘은
기도로 응결된 까닭이리라.

사랑의 어머니와 같은 그분은
내 삶의 모범이 되어 함께해 주셨다.

지성보다 강한 영성

"사람은 온전한 인격을 지향하고 발전시킨다"는
나의 말에 한 학생이
"나의 할머니는 치매인데 가능한가?"라고 물었다.

루이스 셰틀의 "지성이 늙어 무너져도
예수를 붙잡으면 성장하고 있다.
겨울나무가 죽은 듯하지만 연륜을
더해 가는 것과 같다"고 대답하며

나의 어머니 노년에
치매로 집을 잃었을 때에도
기도와 찬양하신 것을 기억하며
스스로 확신했다.

산파면허

20대 초에 읽고
삶의 초석이 된
가가와 도요히코의 《사선을 넘어서》

저자가 그리스도를 만나
주의 사랑으로 가난한 자를 섬기는 데
삶의 목적을 둔 것에 큰 감명을 받았다.

나도 그와 같이 살기로 마음먹고
자습하여 산파 자격시험에
3등으로 합격하여 면허증을 갖게 되었다.

의료진이 없던 그 시절
상비약을 사서 약 처방과 해열제 주사를
무료로 놓아 주니 많은 이가 감사해 했다.
산파면허가 하나님을 전하는
훌륭한 도구가 되었다.

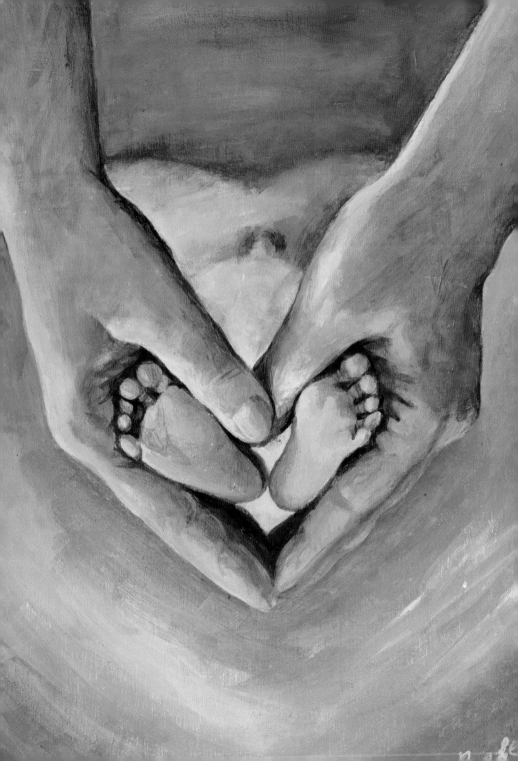

회
개
기
도

학우와 맞닥뜨린 시험으로
무너져 내리는 심정

죄짓지 않고 산다는 자부심도 함께 무너져
괴롭게 나 자신과 대면하던
스물세 살 골방 씨름

머리로 알던 지식을 내려놓고 나니
내가 바로 외식자요 위선자였음을 통감하고
2000년 전 예수님의 십자가와
내 죄의 연결 고리를 찾으며
금식하며 울부짖던 여러 날

결국 주님이 내 기도를 들으시고 보여 주신
못박힌 손과 피
그것이 우리 죄 사함의 증거임을 확인하고
"할렐루야, 아멘"을 외치며 일어나서
체험하는 신앙인으로 거듭나게 한
학우 시험이 가지고 온 은혜

중생, 넘치는 기쁨

1947년 10월 5일
주님의 못박힌 손과 피를 보고
구원의 기쁨으로 달려간 기독교 병원

수줍어 전하지 못했던 복음을
차오르는 기쁨에 견딜 수 없어
환자들과 나누고
집으로 가는 대동강 뱃길

떠오르는 아침해와 반짝이는 물결은
한국의 요단강 같았다.
천사의 반기는 호위인 양
날개 단 듯 가볍고
죽도록 주님께 충성하리라 결심했던
기쁨 넘치는 사랑의 포로

기도의 즐거움

내 영혼 깊고 은밀한 곳에서 만나는 예수님
밤을 새워도 오히려 짧은 경이로운 만남은
시간을 잊고
세상을 잊고
친구와의 대화도 잊게 하는
즐거운 기도

어느새 조용히 놓고 간 선물
절제와 겸손

속사람과 싸우기

주님을 향한 열정에
스스로 하는 경건의 연습

죄와 싸우며
죄의 싹을 없애 달라는
부르짖는 기도와 실천하는 삶

그러나 나도 모르게
배어 버린 습관적 생활과
그 속에서 자라난 교만한 거룩함
이제 죄와의 싸움이 아닌
그 죄를 잉태하는
나의 속사람과의 전쟁

2부

고난 속에 핀 감사의 꽃

첫
순
교
자

해방되자
평양신학교에 다닌다는 이유로
맡게 된 중고등부 주일학교 교사

하나님 계심의 확신을 갖고자 찾아온
김일성대학 1학년 학생

어린 나는 당황스러웠지만 의자를 맞대고
찬양과 기도로 주께 구했던 시간들
지독히 추운 평양 겨울 날씨에도
교회를 지켜 가며 기도하다가
어느 날 흔적 없이 사라진 학생

그는 러시아인에게 잡혀가
나도 못한 순교를 한 첫 제자였다.

인민보안서 경험

허가 없이 한 교회 집회로
여러 번 잡혀가 본 보안서

높이 달린 감방의 창문으로
푸른 하늘이 소망처럼
빛을 내리고

윽박지르며 받는 조사에
'이 정도는 당해야 하지 않을까' 하고 다독이며

믿음의 선인들의 발자국 위에
서 보는 영광의 무게로
견디어 나간
인민보안서 경험

양식이 없어 사흘을 굶고 나서
개울물 마시러 내려가는 중에
발견한 풋고추 하나

따서 먹고는 쓰라린 배앓이보다
더한 서러움에 힘없이 울다가

높디높으신 주님의 배고픔을
생각하니 터져 나오는 통곡

개울물 소리에 덮어 가며
울던 울음이 찬송이 되고
그 커다란 목청에 놀라는
새 힘의 경험

'아하! 떡으로 사는 게 아니고
말씀으로 사는 거구나.'

주의 제단에 이 생명 바치리라
다짐하고 다짐했던
개울가의 약속

38선을 넘다

장맛비 그친 산길을 따라
남한으로 피난 가는 길

목숨 걸린 모험과 알 수 없는 방향에
불안감을 더하면서
안내자가 지시하는
"말하지 말 것!"
"낮에는 꼼짝 말고 기다릴 것!"
"밤에는 소리 없이 따를 것!"을 지켜 가며
넘어선 38선

"이제 넘어섰습니다"라는 구원의 소리에
"만세, 만세" "할렐루야"를 소리치며
감사 기도 드렸던
남한에서의 첫 행보

공
짜

주
먹
밥

12일 동안 산을 돌고 돌아
힘겹게 38선을 넘어 도착한 서울 청량리
그곳에서 흰옷 입은 여성들이
나누어 주던 공짜 주먹밥
얼마나 맛이 있던지….

지금도 그곳을 지날 때면
그 맛과 그분들의 사랑이 그립다.

귀자 엄마

남편 최 목사는 아픈 몸으로 남하해
목회는 해야 한다며 내려간 영해교회
새벽 기도가 늦어져 가 보니
평생소원대로 맞이한 강대상 밑의 죽음

인간적인 허무와 슬픔을 안고 보내는 장례식에
딸아이를 업고 찾아온 불교 회장 귀자 엄마

그 역시 과부인지라
"예수 없이 어찌 살아요?"로 시작한 믿음의 여정

그 후 신혼여행보다 더 재미있다는
복음 전파로 교회의 많은 자리와
내 허전한 마음을 채워 주었던
소중한 귀자 엄마

감사
사
모
님

북한에서 치과 의사를 하다가
여섯 식구가 피난 내려와
남의 일을 하며 근근이 살아가는 사모님

어느 날 빨래하다가 집에 불이 났다는 말에
"모든 가족이 살아 내려왔으니
불이 나도 감사합니다"라고 기도해
모두 '감사 사모'라 불렀다.

금요 철야 기도

신학교 시절
늘 배고프고 피곤했지만
금요 철야 기도는 놓치지 않았다.

밤 10시, 기숙사 점검 후
대문이 굳게 잠기면
담을 넘어 근처 교회에 가서
기도를 했다.

겨울에는 부실한 옷차림에
난방 없는 교회에서
서로 몸을 맞대고 꽁꽁 언 손을
비벼 가며 하는 밤 기도지만
주를 위하는 고생이어서
뿌듯한 행복감에 서로
다독여 가던 금요 철야 기도

1948년 남한에 와서
첫 주일예배를 드린 영락교회

마당까지 성도로 가득찬
교회에서 들리는 우렁찬 찬송에
왈칵 쏟아지는 눈물
그곳에서 들은 한경직 목사님의 설교는
황송하도록 행복했다.

눈이 오나 비가 오나 돌계단 중간에 서서
모든 이에게 목례로 반겨 주시던
그분의 그리스도 향기에
나는 탄복하고 본받아 살기로
얼마나 다짐했던가.

전쟁과 피난민

갑작스런 북한의 침공으로
밀려 내려간 부산은
임시 처소 삼은 학교와 교회마다
부상당한 군인과 피난민으로 넘쳐나고

물과 식량 부족
전사자의 비보로 어두운 가운데

믿음의 교우들은 찬송과 철야 기도로
주님을 붙잡고
절망의 믿음 없는 자들도
그 뒤를 따라 차고 넘치는 교회

역시 환난은 소망을 낳는다.

전쟁 가운데 크리스마스

포탄을 뚫고 크리스마스는 왔다.

실향민들로 북적거리는 부산 거리
비보로 슬픔 가득한 피난민들
어려운 가운데 꾸며 놓은 초라한 교회 장식

그래서 더욱 절실한 소망, 주님의 탄생

밤샘하고 도는 새벽송
온 세상 덮친 눈을 밟으며
우연히 올라간 뚝방에서 부르는 찬양

뜻밖에 아래 막사에서
"할렐루야"를 외치며 올라와
두 손을 움켜쥐고 기도하는 군인들

"아 이 불쌍한 형제를 석방시켜 주소서."

도둑질, 거짓말, 싸움이 일상이던
신망원 아이들

어느 날 성령님의 방문에 아이들이 바뀌고
그동안 저질렀던 죄들을
자복하고 전도하니
놀라며 교회를 방문하는 주민들

열매가 부실했던 복숭아나무
분뇨 통을 쫓아다니다 직접 거름을 주어
많은 열매를 얻게 되자
"어떻게 이렇게 탐스러운 열매를 많이 맺게 되었을까?"
물으니
"우리가 거름을 주었어요."
"익기 전에 안 따먹었어요."
"나무 밑에 회개의 눈물을 뿌렸어요"라고 대답하는
개구쟁이들의 변화를

주민들이 먼저 알고
복숭아나무도 감동을 받았다.

안바보 전도사

"안바보"라고 부르면
"어"라고 대답하고

공부할 때 책을 거꾸로 들고도
잘 모르는 아이

언젠가 복숭아밭에서 기도하고 있을 때
옆에 와서 엉엉 울면서 회개하고는
그길로 달려가 몰래 따 먹은 감에 대해
용서 구하던 아이

주인 할아버지에게 용서를 받고는
"예수 믿으세요"라고 복음 전하던
안바보 전도사

청개구리 아이

교회에서 줄을 세우면
나무에 올라가 히죽히죽

큰소리로 주의를 줘도
아무 말도 들리지 않고
모든 것을 거꾸로 하는
청개구리

항상 야단맞고 벌 받던 아이
어느 날 가슴에 빨간 리본을 달아 주며
반장을 시키니 모든 아이가 놀란다.

그런 아이가 잘할 때마다
박수를 쳐 주니 신발도 정리하고
할 일을 찾아 스스로 하는 아이로 변하네

역시 옷을 벗게 하는 것은
센 바람이 아니라
따뜻한 햇볕이구나

신망원 아이의 기도

성령의 방문으로
놀랍게 변화된 개구쟁이들

어느새 기도원처럼 되어 버린 신망원
아이들은 천국 같다고 말했다.

미국에서 온 구호물자를 받고
한 아이에게 기도를 시켰다.

"하나님 감사합니다.
우리가 고아가 되어 이곳에 와서
하나님을 알게 해 주셔서 감사합니다.
먼 미국에서 우리를 사랑해
이렇게 좋은 선물을 주셨으니
우리도 커서 가난하고 외로운 사람을
돕는 자가 되게 해 주세요."

3부

꿈을 싣고 세계로

미
국
유
학

장신대 박형룡 학장님이
여성 지도자의 비전을 따라
권고해 주신 미국 유학

모든 시험과 서류를 마치고
전쟁 물자 운송하는 배를 타고
떠나는 부산항

가물가물 멀어지는 산들을 보며
나는 배의 난간을 잡고 기도했다.

"하나님 한 분만 의지하고 떠납니다.
내 조국에 유익을 주는
사람이 되게 해 주소서.
그렇지 못하면 이 바다에
빠져 죽게 하소서."

일본인과의 화해

미국 유학 시절
기숙사 옆방의 카타가와 아이코

일본 사람인 이유만으로
불편한 마음
그리고 막혀 가는 기도

한국 학우도 같은 마음인 것을 나누고
예배 시간에 초대하기로 결정하고
함께 드리는 예배

십자가 앞에서 한 자녀임을 느끼며
서로 용서를 구하는 귀한 시간을 가진 후
긴 시간 이어진 아름다운 관계

미국 유학 시절
영어 공부와 학과 수업으로 부족한 시간들

새벽에 일어나 기도하거나
짬 내어 기도할 때면
주체할 수 없이 밀려드는 잠

고민 끝에
걸어 다닐 때 기도하기로 맘을 먹고

생활 속 자투리 시간마다
주님 만나는 즐거운 시간

때때로 밀려드는 감동으로
굴러 떨어지는 눈물

숨을 쉬듯 매 순간 익숙해지며 알게 된
쉬지 않고 하는 기도

옥상 창고
기도회

미국 신학교 유학 시절
학교에서 기도처를 찾다가 발견한
13층 옥상 창고

새벽마다 올리는 기도 가운데
느껴지는 머나먼 고향의 포근한 주의 임재

반 호기심으로 하나둘 모여든 외국 신학생들과
신망원 아이들의 변화를 나누고
한국식 통성 기도도 같이 경험해 가면서

미래의 소중한 인연을 맺게 해 준
옥상 창고 기도회

어느 날, 새벽 기도회 멤버였던
세 미국 학생이 찾아와
산 기도를 같이 가자고 했다.

여자 혼자서 같이 갈 수가 없어 거절하고는
산 기도에 대해 설명해 주었다.
자유롭게 하나님과 사귀며
소리치고 싶으면 소리치면서
나만의 시간을 갖는 거라고

배웅을 하고 잊어버렸다.
그 후 26년 뒤에 알게 된 사실
그 세 명 중 로버트슨은
CBN 설립과 700클럽 진행으로 선교를 펼치고
화이트는 죄수들을 위한 전도 환상을 본 후
세계 재소자 선교를 하고
유진 피터슨은 훌륭한 목회자와
저술가로 활동하는 사실을 알고는
하나님의 놀라운 역사에
가슴이 벅차올랐다.

파파 와이코프 장로님

미국 내에 두 곳의 백화점을 운영하시고
직원들에게 술과 담배를 금하신 강직한 장로님

아이들에게 한없는 사랑을 보이시며
항상 주머니에 작은 장난감이 준비되어 계신 분

고아와 외국 유학생들에게 긍휼함으로 후히 대접해 주시며
손을 마주잡고 큰 소리로 기도해 주시던 분
집을 찾아가며 물어볼 때
동네 사람들이 "파파 와이코프?"라고 부르던
다정한 할아버지

유학생이었던 전성천 박사가
감옥에 있을 때 한국까지 찾아오셔서
면회하신 분

삶의 귀감이 되는
다정하신 파파 와이코프 장로님

과
테
말
라

선
교
여
행

1958년 1월
하얀 눈이 내리던 뉴욕 비행장에서
네 명의 외국 동행인과 과테말라행 비행기를 탔다.

10년 전 죽음의 38선을 넘어 이곳에 와서
남미 선교를 가는 것이 꿈만 같았다.
그곳에 도착하니 솔잎을 깔고
북한의 인공기를 걸어 놓고 환영하다가
태극기로 바꾸는 것을 보면서
국력이 약함을 실감했다.

잘사는 서양인보다
고통을 아는 동양인의 선교에
마음을 더 여는 것을 보면서
고국에 가면 세계 선교사 양육에
힘쓰리라 마음먹었던
뜻있는 선교 여행이었다.

과테말라에서의

생일 파티

남미의 파란 하늘과 야자수 아래에

가득 차려진 음식

망고, 듀란, 파파야

넘쳐나는 남쪽 나라 과일

영문도 모르고 불려 간 그곳에서

미국 형제들의 생일 축하 노래

"오! 놀라우신 하나님!"

천상에서는 우리의 성령 열매로

첫 회심의 날에

생일잔치를 할까요?

주의 종은 돈을 몰라야 한다

1958년 8월에 귀국하면서
집안 어른이신 주요남 장로님께 인사를 드렸다.

수고했다는 말과 함께
"너는 하나님의 종이니 돈을 모르고 살아야 한다.
한경직 목사님이 존경받는 것도 그러하기 때문이다"라고
당부하셨다.

때로 허영과 욕심으로 마음이 기울 때면
다시 한 번씩 일침을 주셨다.

내 분수에 넘치는 사치를 하지 않는 것이
힘들다는 것을 느낄 때마다
백부님의 말씀으로 균형을 잡곤 했다.

미국 유학에서 돌아온 2년 후에 맡게 된
기독교 교육학

불모지인 영역에 젊은 의욕으로
뛰어들어 4년의 교육 과정을 만들고

늦깎이 학생들과 비슷한 연령인
여자 교수는 그 시절 너무 낯선 풍경

힘든 개척자 걸음 위에
함께해 주신 하나님

나이가 들면서 더욱 인정하게 되는
그분의 은혜

학생 오인탁

첫 학생 모집에 입학해
하나님의 존재에 대한 확신도 없이
졸업 후 학생을 가르칠 수 없다고
고민한 솔직한 학생

그러나 아버지를 보면 계신 것 같다며
계속 학업한 후
훌륭한 교수와 장로로 주를 섬겨 오다
퇴임한 기억에 남는

오인탁 학생

장로교 여전도회

전국 연합회 회장

미국 장로교 선교부 장학생인 나는
장로교 여성 대회인 폴듀대회에
참석할 기회를 얻었다.

그곳에서 한국 여성의 꿈과 방향을
확립하게 되었다.

그러나 생각지도 못한 여전도회장 피택
두려움으로 사양했으나
끝내 맡게 된 회장직

"주여, 여종이오니 말씀대로 이루어지이다."
고백하며 임했던
서른다섯 살 젊은 회장의 무거웠던 책무

2차 미국 유학

약하고 미련한 자를 들어 쓰시는
하나님께 택함을 받은 여종은
시간이 가면서 정체성이 더욱 확실해졌다.

더 많은 연구가 절실해져
1961년 뉴욕대학교로 떠났다.

종교교육학 박사 과정을 이수하면서
넓은 시야를 갖게 되었지만
논문 자격시험 중 생물학이란 난관에 부딪혀
비록 학위는 받지 못했지만
많은 자료를 가지고 귀국했다.

위기의 분단국가에서
한국 교회의 역할은 중요하다.

사도행전 1장 1절의
"행하시며 가르치시기"라는 말씀과 같이

교회와 나라를 살리는 길은
신앙을 생활화하는 지도자를 키우는 것이다.

《장로교 여성사》 출간

여전도회 전국 연합회 50주년(1978년)을 앞두고
예산이 없다는 이유로 맡게 된《장로교 여성사》

전문가도 아닌 내가 '맡겨진 일에 순종한다'는 원칙에 따라
부족한 자료와 1년간 씨름하여 출간한 책

언제나 순종 뒤에 주시는 축복으로
알게 된 소중한 세 가지 진리
첫째, 가장 귀한 것은 값이 없다.
둘째, 우리의 선배들이 '새생활 운동, 문맹 퇴치,
독립 운동' 등의 큰 업적을 남겼구나.
셋째, 한국 여성은 무한한 잠재력이 있어 그 개발 가능성이 크다.

이 세 가지를 알고 난 후
나는 확고한 꿈을 갖게 되었다.

여성 평생 교육원

자녀를 키운 뒤
집에서 시간을 보내는 중년 여성들

그들을 깨워서 사회에 기여할 수 있도록
교회 여성 지도자 교육원을
장신대에 개원했다.

성경개론 등 기초 학문과
장애, 복지 단체, 두레마을,
빈민 선교지의 현장 학습을 통해
소명을 찾는 기회를 마련했다.

그들 중에는 신대원에 입학해
목사와 선교사로 헌신하며
어떤 이는 동창회나 가정에서
성경을 가르치는 등
여성들의 참여가 다양해져 갔다.

캄보디아 선교

공산 혁명으로 킬링필드에서
부모를 잃은 수많은 고아

잔혹한 역사를 몸에 흔적으로 지닌
수많은 불구자와 혹독한 가난

유난히 뱀 장식이 많은 그곳에서
교회의 자취는 사라진 지 오래다.

그 땅의 청소년 기술학교에
선교의 기초를 닦아 가며
여러 선교사의 헌신으로
이제는 정부가 기술자격증을 주는
기술학교로 발전하게 되었다.

25년 가까이 소망교회 권사들의
'예수 자매회'에서
기도와 물질로 힘을 더해 주었다.

수녀원

60년대 스위스 로잔대회에 갔다가
긴 옷을 입은 수녀들에게 매료되어
찾아간 수녀원

높은 산과 골짜기를 돌고 돌아
도착한 아름다운 그곳에서 들려오는 종소리와
침묵의 시간 중에
미소만으로 반겨 준 수녀님

고풍스러운 창문으로 들어오는 햇살
고요한 바람을 타고 들려오는
하늘나라 멜로디
주님과의 만찬 같은 성스러운 저녁식사

천상과 같은 수녀원의 기억을 찾아가 본
여러 곳은 이제 거의 비어 있었다.

독일 마리아자매회

독일 남부에 가나안이라 불리는
기독교 마리아자매회

세계 각처에서 온 120명 정도의
개신교 자매들의 공동체

화장하지 않은 밝은 표정에서
맑은 순수함이 베어 나온다.

그리 크지 않은 그곳 입구에
"회개하라 천국이 가까웠느니라"라고
써 놓은 선명한 팻말처럼

천국 가까이에 온 듯한 그곳은
예수의 자취가 가득하며

아름다운 평화가 심령을
부요케 하는 곳이다.

로제 슈츠 마르소슈가
제2차세계대전으로 폐허가 된 프랑스 농가에 세운
떼제공동체

복음적인 삶을 살며
기도와 노동의 삶을 중시하면서
어떠한 기부금도 받지 않고
자신의 생계를 노동으로 해결하는 단체다.

기도회는 화해의 종소리를 시작으로
간결한 멜로디의 반복적인 찬양을 하면서
기도로 승화시킨다.

설교 없는 말씀 묵상으로 조용한 침묵의 시간 뒤에
간절함이 묻어 있는 로제 형제의 중보기도는
불어를 모르는 사람까지
모든 사람의 마음을 묶어 하늘나라로 올라간다.

'아! 나는 얼마나 외식의 예배를 드렸던가.'

떼
제
의

생
활

규
칙

아직도 마음에 남아 있는
떼제공동체 로제 형제의
단순한 생활 규칙

"하루하루의 일과 휴식이
하나님 말씀으로 생기를 얻게 하십시오.

그리스도 안에 머물기 위해
모든 일에 침묵을 지키십시오.

기쁨 · 단순 · 소박 · 자비의 진복(眞福) 정신이
항상 충만하게 하십시오."

4부

보여 주신 대로 행하기

장
신
대

대
학
원
장

1984년 박창환 학장님으로부터

대학원장 자리 권유를 받고는

박사 학위 없음과 여자임을 이유로 극구 사양했다.

그러나 여성 미래의 문을

열어 주는 역할로 맡아 주길 바라며

명예박사 학위를 미국 퀸즈 칼리지에 신청했다고

말씀해 주셨다.

이렇게 맡게 된 귀한 자리를 담당케 하신

하나님께 감사하면서 황공한 마음으로 그 자리에 임했다.

60-70년대
박정희 정권 타도와 새마을 운동이 한창이던 시절에
강사로 초빙되어 고민했으나
몇백 명의 새마을 여성 지도자들에게
근대적 여성의 역할과 사회 교육을 할 수 있는
유일한 기회로 알고 강연을 했다.

"이런 일을 해도 됩니까?"라는 질문도 받았지만
당의 정치 강연이 아닌
진정한 새 시대를 여는 여성의 사회적 · 가정적 역할과
의식을 깨우는 일에 사명감을 갖고 임했다.

목회자 사모 상담

영락교회 권사로 어머니 교실과
교사 양성부를 섬기면서
목회자와 사모의 상담처가 없음을 알고
전문가는 아니지만 그들의 고통을
나누기 위해 상담실을 개설했다.

전화 상담을 주로 하면서
그들의 말 못할 문제는
우선 예방이 필요하다고 생각하여
사모 성경반을 열었다.

그 시간에 마음을 열고
개방적인 관계와 긍정적인 해소를 위해
즐거운 교제와 야외 활동을 시도해
그들의 짐이 덜어지길 바랐다.

평생을 YWCA에 헌신한 김현자 선생을 만나면서
나의 그릇된 편견을 허물고
평생회원이 되었다.

교회와 사회의 중간에서 여성 봉사 단체가
다리 역할을 해야 함을 사명으로 느끼고
위원장을 맡아 '바른 삶 실천 운동'이 필요함을
호소하게 되었다.

물질과 출세에만 힘쓰는 가치 편향의
이기주의 사회의 문제를 정리하면

첫째, 올바른 가치관 결여
둘째, 인성 교육의 부재
셋째, 삶의 모델 부재
넷째, 불신에 의한 한탕주의

이러한 병든 사회의 치유는
중보 기도와 옳은 것의 실천이
해법이라고 생각했다.

아·나·바·다 운동

선교 모금을 위해 방문한
애틀랜타 루이벌신학교 선교사 사택
안 쓰는 물건을 가지고 오면
재활용을 위해 곱게 다림질하던 은퇴 할머니들

그곳에서 얻은 삶의 지혜를
10년 뒤 YWCA의 '바른 삶 실천 운동'을 책임지면서
아껴 쓰고 나눠 쓰고 바꿔 쓰고 다시 쓰고의
아 · 나 · 바 · 다 운동으로 전개하면서
일반 시장에도 확산되어 상점까지 생겼다.

하나님, 왜 보여 주셨습니까

1970년 초
망원동 집 옆으로 지나가는
초라한 초등학생들의 행렬

따라가 본 그곳은
서울시의 분뇨를 모아 놓은
분뇨 못 근방의 판자촌

추가 건물을 세우면
벌금을 무는 까닭으로
화장실 없는 마을

동네 가득한 파리떼 속 뚝방에서
난 울면서 부르짖었다.

"하나님, 왜 보여 주셨습니까?"

망원동 뚝방마을

뚝방마을 이야기를 전해 들은

기독교 교육학과 3학년생 몇 명은

그날로 그곳을 찾아가

눈물을 흘리며 섬길 방법을 의논했다.

그들과 함께 먹고 자며

환자 업고 병원 가기

가정불화 싸움에

시계 저당잡히고 상처 싸매기

관청의 불허가로

밤에만 지어 가는 화장실

더러운 개울에 다리 놓기

1972년 대 홍수로 오물에 잠긴 그들을

근처 초등학교로 대피시키고

구호 손길 연결하기

청소년 야간 중학교 설립 등

그늘진 그곳의 상처를 싸매고

낫게 하는 구원 사역이 시작되었다.

이상양 전도사

뚝방마을의 팀장이었던 이상양 전도사
넘치는 아이디어로 땅을 파서 만든
반지하 노인정 아홉 평
야간 중학교, 어린이집과 주부 수공업
내 집 갖기 운동 등
사랑과 헌신으로 섬긴 분

마을 대소사의 중재인
가정 폭력의 피난처
마을의 재판장 · 위로자 · 상담자
선한 목자의 역할을 담당하며
천사 전도사로 불렸던 그는
결핵 3기 사형선고를 받고 기도로 서원한
10년 헌신의 약속대로
1977년 3월 35세로
주님의 품에 안겼다.

내 집 갖기 운동

뚝방마을은 거주의 안정이
가장 큰 문제임을 느낀 이상양 전도사는
나와 이종성 학장을 불러
마을 어른들과 모임을 갖고
'한 집에 한 통장 갖기'를 선포하고
아홉 평짜리 집을 짓기로 결의했다.

미국 선교사 모펫(Moffett) 여사의 도움으로
900평의 땅을 확보하고 공사가 시작되면서
마을은 희망으로 활기를 찾고
술 마시기와 싸움이 줄어들고
공사를 돕는 것에 한마음이 되었다.

언론에 보도되고 새마을 운동의
모범이 된다고 포상금도 나오면서

더욱 박차를 가해
530채의 새 가정이 기쁨으로 이사를 갔다.

연예인교회

70년대 연예인에게도 불어온
교회의 새바람

유명 연예인 몇 명이 하용조 전도사에게
성경 공부를 요청했다.

신학교 공부와 전도사 일로 바쁜 그는
내게 상담을 했다.

성령의 놀라운 역사임을 확신한 나는
전도사 일을 그만두도록 권하고
생활비는 그 당시 지도하던
영락교회 어머니반에서 지원하도록 해
연예인교회가 출발하게 되었다.

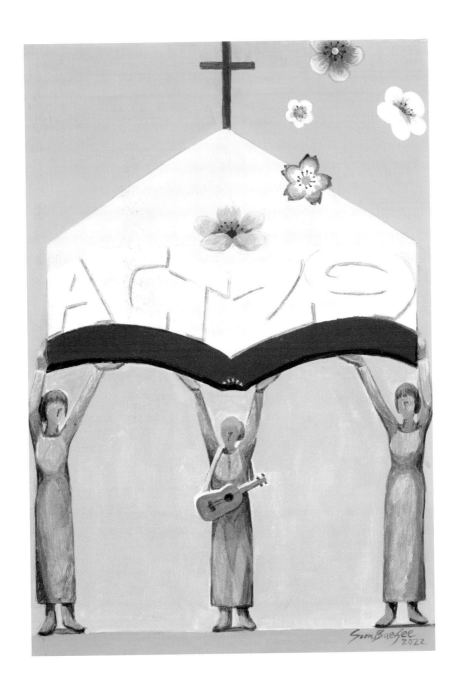

하용조 목사

그는 하나님이 택하신
시대를 이끌어 가는
성령의 사람이었다.

심령을 꿰뚫어 보는 통찰력과
날카로운 말씀을 통해 지성인을 깨우고
세계로 다니며 영적 지도자의 사명을 다한
하나님의 종이었다.

지병으로 세상을 떠난 지 오래여도
그의 소망대로 사도행전 29장을
이루어 가는 영적 파문이
곳곳에서 일고 있음을 본다.

신학생을 섬겨라

학생 데모가 심하던 시절
데모하는 심정이 느껴져 마음이 아프기도 했지만
나도 배척을 받아
"주 교수, 나가라" 하면 어쩌나 하는 생각도 들었다.

그러나 기도 중에
"왜 학생을 두려워하는가,
가르침이 아닌 섬김의 대상이 아닌가" 하는 말씀에

"맞습니다. 주님도 섬기러 오셨지요.
나는 종들의 종입니다."

이렇게 고백한 후,
학교는 에덴동산처럼 즐겁고 평안했다.

여전도자에게 생활의 보장이
전혀 되어 있지 않던 시절에

오롯이 주님을 사랑하는 마음만으로
헌신하신 분

농아를 위해 수화를 배우며
지체 부자유자를 마음으로 품어 오신 분

여름 방학 때면 농촌에 가서
기도와 성경을 가르치며
가장 불쌍한 자를 섬기는 사역을 하신 분

그 간증으로 유학의 길이 열려
호주 멜본신학대학원을 거쳐
한일장신대학교에서 박사 학위를 받고
지금은 동 대학교 총장으로 계신 분

가장 낮은 자를 택해 쓰시는
하나님의 증표가 되시는 분

정년퇴직

23년의 세월이 길고도 짧게 지나갔다.
1989년으로 알고 있던 정년퇴직이지만
실감이 나지 않았다.

퇴임 감사예배에서 답사를 하려는데
하나님의 크신 은혜가 한꺼번에 몰려와
눈물이 앞을 가렸다.

연이은 학생들의 깜짝 파티에서
그동안 받아 왔던 모든 사랑이
꽃다발이 되어 내게 안길 때
감사의 눈물이 가슴을 적셔 왔다.

수원교도소

여성만 수용된 교도소를 찾아서
예배와 성경 공부를 하다 보면
다양한 사람과 만난다.

낯익은 유명인과 알 만한 사모님
젖먹이를 데려온 주부와 어린 소녀

죄목도 가지가지로
계 하다 망친 사람
외제 물건 팔던 사람….

그들은 사소한 일상생활에서
죄의식 없이 살다가 들어온 자로

문제는 죄 기준의 부재다.
이에 성경적 죄의식 교육의
절실함을 느끼게 되었다.

ⓒ 조명희

학생 데모가 신학교까지 들어와
길은 최루탄으로
학교는 수업 거부로 혼란스럽던 시절

텅 빈 강의실에 앉아 하염없이
울며 기도했다.

더욱이 기도와 영적 훈련보다
학문과 이념 교육이 선행되어
가슴이 아팠다.

그때 기도처를 찾다 발견한
선배 목사님의 숲속 목장

손수 길을 내고 운악산 돌을 굴려
우사(牛舍)에 개인 기도처 20곳을 만들었다.

경건을 위한 장신대 훈련원으로 사용하게 된
아름다운 은성수도원

안
식
관

일평생 몸 바쳐 일하며
외로운 삶을 주께 헌신해 온
여전도사들

나이 들어 갈 곳 없이
혼자 앓다가 돌아가시는 분들에게
나는 항상 빚진 자였다.

남편의 임야 기증을 시작으로
많은 이의 참여와 용문산 자락의 6만 평 기증으로
건축은 시작되었다.

영락교회와 장신대의 도움으로 세워진 안식관은
여러 가지 감사와 감격과
눈물겨운 이야기로 한 층 한 층 세워진
놀라운 역사관이다.

ⓒ 조명희

ⓒ 조명희

70-80년대 교회가 부흥하면서
많은 여성이 결혼도 하지 않고 선교사로 헌신했다.

그런 뒤 은퇴하여 조국에 돌아와
외롭게 전전하다가 병이 드는 걸 보면 가슴이 아팠다.

독신 여선교사의 은퇴관을 위한
오랜 기도와 준비 자금을 씨앗으로
사단법인 세빛자매회를 설립하고
건축 부지를 물색 중에

황덕주 목사 순교지 산 아래 땅을
그의 후손이 기증하여
2021년 완공하게 되었다.

내 고향

유난히 파란 하늘의
아름다운 내 고향 평양

동쪽으로 유유히 흐르는 대동강
북쪽으로 능라도가 보이고
우뚝 솟은 모란봉과
어머니 품에 안긴 듯
을밀대가 나지막이 앉아 있다.

겨울이면 꽁꽁 언 강 위로
소달구지가 건너가고
어린 우리는 스케이트를 타던 곳

친구와 재잘거리며 웃던 그곳을
꿈속에서나 가 보는
가까우면서 먼 내 고향

평양
방문

2001년
북한 방문 100명 인사 중 1인이 되어
도착한 평양

꿈에 그리던 고향인데
너무 달라져 어색한 만남

교회는 사라져 버리고
당 구호 깃발이 곳곳에서
섬뜩하게 펄럭이며
품어 왔던 그리움만 날려보낸다.

북한 광고 일색인 일정 속에
주민들은 먼발치서
무표정하게 바라만 보고 있다.

답답한 마음에
기도 제목만 가득 안고 온
평양 방문

황
장
엽
선
생

여고 동창의 주선으로 알게 된 황장엽 선생
내 고향의 같은 장소에 대한 기억은
고향 지인 같은 반가움으로 다가오고

우리나라 통일을 위해 가족도 남겨 놓고
힘든 망명을 택한 심정과
경호원에 둘러싸인 이곳의 생활에
동정이 가기도 했다.

이런 존경스러운 분이 주체사상을 버리고
주님의 복음으로 거듭난다면
북한 체제의 변화에 큰 기여를 하리라 생각해
하용조 목사님 외 여러 목사님과의 만남을 통해

주님의 역사가 있기를 간구했다.

황장엽 선생의 전도를 돕던

하용조 목사님은

탈북자 돕는 일을 계획하고

나에게 맡아 줄 것을 제안했다.

탈북자 종합회관을 열고

그들의 남한 정착을 돕는

프로그램을 개발해 훈련했다.

그러나 어릴 때부터 들어 온

'말조심'으로 대화가 익숙지 않아

소통이 어려웠다.

그래서 체육대회와 음식 뷔페 등

자연스러운 접근 방법으로

대화의 문을 열어 가며 그들을 이해해 갔다.

하
나
원

방
문

탈북자 정착을 돕는
통일부 소속의 하나원

강제 노동에 익숙한 그들은
스스로 찾아서 하는 것이 힘들다.

그런 그들을 위해 떡을 가지고 가서
예배드리고 종합회관을 홍보했다.

찾아온 탈북자는 '새생활 체험학교' 프로그램으로
환영 예배를 드리고, 조별로 나누어 도우미와 함께
놀이동산과 휴양 시설을 돌며 닫힌 마음을 열도록 했다.

그런 후 다일공동체, 홀트아동복지회,
다일천사병원, 여교역자 안식관 등을 방문해

북한의 공개 처형과 대비되는
인간의 존엄성을 보면서 감동을 받고
새로운 마음을 갖게 되었다.

통
일
지
도
자

양
성

통일이 되면 북한 선교와 교육은
탈북자가 가장 적임자일 것이므로
북한 지도자 양성이 필요하다고 생각했다.

5년 동안 1000여 명의
수료생 가운데 지도자적 자질과
순수한 신앙관을 가지고 있는
몇 명에게 집을 개방해 공동생활을 하며
소명감을 고취시켰다.

각자의 자질에 따라
대학원 박사 과정 후
대학 강의를 하거나
기자와 같은 전문직을 맡기도 했다.

김마리아(1891~1944) 상

김마리아 선생은
3.1운동을 하다가 미국으로 망명해
뉴욕 성서신학교에 입학한 분이다.

김마리아상은
그분을 기념하여 사회 기여도와
여성 발전에 공헌한 사람에게
수여하는 상이다.

나는 이 상을 두 번 받으며
유진 피터슨 등 많은 분의 축하를 받았다.

그러나 이 상의 의미는
더욱 헌신하도록 격려하는 것임을
마음에 새겼다.

5부

외톨이의 삶, 섬김으로 즐거웠네

하나님의 기적

배고파 먹었던 풋고추 하나
아픈 배보다 서러워 울면서
몸으로 깨달은 교훈

"떡이 아니고 말씀으로 사는 것"

평생 돈벌이하고 살지 않겠노라고
울면서 약속하고 살아온 98세

쓸 만큼 쓰고도 남아 있는 놀라운 돈
나의 숙원인 조국 통일과
평양의 부흥을 바라는 마음으로
그 돈을 평양신학교 재건에 남길 수 있으니
이것은 하나님의 기적

회상

98번의
봄, 여름, 가을, 겨울

세월의 모퉁이에서
뒤돌아보면

피고 졌던 많은 이야기가
메아리치지만

주님과 함께한
사랑의 순간순간이
바다의 빤짝임처럼
기쁨으로 떨린다.

내 영혼
주님께 향한다.

98세의 하루

새벽 4시에 깨어
나이만큼 무거워진 무게감으로
천천히 하루를 연다.

기도로 시작하여
〈다락방〉으로 아침예배를 드리고
조반을 먹는다.

신문, 책, 유튜브를 통해
기독교 지식과 건강을 챙기고
방문 혹은 전화로 여러 사연을 듣고
기도한다.

저녁 식사 후에는
〈생명의 삶〉으로 예배드리고

성경과 찬양으로 하루를
변함없이 채워 가며

틈틈이 하는 기도에도
항상 배고픔을 느낀다.

봄
비

봄비는

조용조용

가만가만

보슬보슬 내려앉는다.

2020년 3월 봄비 내리는 첫날

기 도

정한 시간과
일상생활 중에 눈뜨고 하는 기도는

위기의 순간을 넘게 하고
잘못된 길을 바로 가게 한

내 삶의 심장 같은 것

2022년 2월

행
복

행복을 느낄 때는

열심히 일할 때와
남을 도울 때야.

2021년 11월 15일
점심 테이블에서

인생의   비밀

하나님께서

내가 태어나기 전에
내 삶을 디자인하셨지.

2021년 11월 15일
점심 테이블에서

은
퇴
는

없
다

노화는 있어도 은퇴는 없다.

갈렙이 노년에
산지를 차지한 것처럼

하나님께서 예비하신
우리의 산지를 향하여….

오직 주님

전쟁 중에
모든 것을 뒤로하고 헤맬 때
오직 주님

삶 가운데서 만나는
어려운 시험 중에도
오직 주님

출구 없는 사면의 벽 가운데
유일한 비상구
오직 주님

누구보다 긴 여정을 주셔서
100세를 바라보는 때에도
오직 주님

크
리
스
마
스
다

크리스마스가 되면 땅으로 내려 주시는
주님 마음이 담긴 하얀 눈의 축복

슬픔이나 기쁨
부자나 가난한 자
한결같이 덮고는 깨끗하게 살라 하신다.

모두가 즐거워하는 깨끗한 세상
그 얼마나 아름다운가

식탁 앞에서

식탁에서 마주한 음식들

오곡백과의 양식이
몸속 곳곳으로
제 갈 길을 찾아가고

커피는 머리로 가서
신경을 자극하니
신기하고 신기하다.

생명의 샘처럼
그 힘으로 찬양과 말씀을 선포하니

오묘한 자연의 법칙
만물이 합하여
찬양을 하는구나

열리는　새벽

새벽녘
짙은 어둠도 숨죽이는
밝아 오는 빛의 여명

내 마음도
경이롭게 열리는
기도와 묵상

사 랑

사랑은

절제와 겸손으로
주님과
약한 자를
긍휼히 여기며

섬기는 것

믿음

히브리서 11장
"바라는 것들의 실상이요
보이지 않는 것들의 증거"로
달려온 먼길

이제 돌아보니
그 가운데 만져 주신
주님의 손길

소망

내가 맡은 사명을
다하는 그것

국제 사회의 평화
선교사들을 통한 복음 전도 등
많은 소망을 품어 왔지만

그래도
가장 아름다운 소망은
천국

감
사

아침에 눈을 뜰 때
스스로 움직이고
아프지 않은 것

길가다 불현듯
바뀌어 있는
계절을 바라볼 때

마음속에 항상 열려 있는
감사의 창문

겸손

겸손은

하나님께서
창조하신
본연의 자세로 돌아가는 것

'나는 흙덩이다.
죽으면 흙으로 돌아간다'는 것을
잊지 않는 것

은
혜

우리의
육과 영의 존재감

그 위에 거저 주시는
모든 축복

온갖 허물을 덮는
하나님의 용서

안녕, 주 교수님

한 세기 전
평양 대부흥의 불씨를
가슴에 품고

긴 시간 동안 꺼트리지 않고
나누어 오신 분

항상 비추어 주던
커다란 별이
이제 멀어져 가고 있다.

그 큰 빛의 공간이
슬픔과 아쉬움으로 가득한데

그분은 이제
스스로 주님의 빛으로
채워 가라 하시네

2022년 6월 19일
주 교수님이 주님께 가신 날에